I0756796

EL ECO DE LAS CARACOLAS

Bóveda y letras
Ediciones

EL ECO DE LAS CARACOLAS

ANTOLOGÍA POÉTICA

–MANUEL PONCE BARRONES–

Dedico esta obra a mi tierra algecireña, a mi cultura y a mis seres queridos. Pues ellos son realmente mi bandera
A los cantos y encantos de las sirenas.
A mi musa hecha con salitre y arena.

A mis playas mediterráneas; pues llevan el rumor del agua escondidas en sus caracolas...

En especial, al campo de Gibraltar. Al "Ceper Juan Ramón Jiménez" y a su docente, por enseñarme tanto sobre el patrimonio.

A los hermosos amaneceres tras el peñón, donde el sol cada día se mira en el espejo de la bahía...

A los desayunos en el sur.
Al sur (Andalucía).
A España.

Al levante, a la mar.
A ti, y a nuestro velero.
*Y por supuesto a Dios por hacerme, **(especial).***

Que la compañía que escojas supere a la soledad.
Que el amor que te acompañe esté en ti y no contigo.
Que esas personas que te siguen hagan que los paseos sean mejores
que sus ausencias.
Que sus palabras sean tan profundas como el silencio,
y llenen tu vida de momentos que valgan la pena recordar.

Vuela como la gaviota marinera;
Respira la sal de la bahía.
Escucha el eco del mar y el cantar de las olas,
En el interior de las caracolas,
Recitándole a Algeciras.

El Autor: Manuel Ponce Barrones
Algeciras 26/06/2019

ÍNDICE

<u>PRÓLOGO</u>

Leo tus letras encadenadas mientras arrastras a mi cabeza la melodía de la gente de nuestra tierra, hecha ahora canción. Me transportas a mi barriada; a mi mar; a esos vecinos sentados al fresquito mientras comparten lo acontecido en el día. Me trasladas a cada rincón que me ha forjado para ser hoy la persona que soy y para que cada uno de mis recuerdos, queden engalanados con el devenir del contexto. Me meces desde el centro a la periferia; desde la Plaza Alta a mi Bajadilla natal, donde el arte se amontona en cada esquina de sus calles, pregonando su vientre fecundo de figuras irrepetibles, el alarde de su maestría. Me sacudes en olores de nuestras playas desde el Rinconcillo a Getares, mientras desgranas tus lágrimas por el mar perdido otrora Isla Verde. Me paseas por el parque María Cristina, impertérrito testigo de los vaivenes del paso del tiempo...Y el amor... ¡ay, el amor! Ese sempiterno objeto de evocaciones cuando alguien de cabello platino, nos narra en el momento más inesperado, esa historia de El Chato y la Bella"; o cuando esos labios expectantes, besan la dulzura linense.

Con este libro consigues, mi querido Manuel, que mis raíces reclamen el meritaje del aire del follaje; y, sobre todo, que el tronco que sostiene mi andadura vital, se rehogue una y otra vez, en la suerte de haber nacido y crecido en nuestra tierra marinera; en nuestra querida Algeciras.

-A mi querido Manuel; ayer alumno y hoy admirado escritor.

<u>*Ana Sánchez García*</u>

-Mi ventana hacia el mar-

(Alegrías de Cádiz)

Tierrecita marinera
Junto al mar de tu bahía
Ay/ tierrecita marinera
Y ese mar mece mi barco,
Bailando, por alegrías.
Y ese mar mece mi barco,
Bailando, por alegrías.

Cuando salgo cantando
Por mi bahía
Veo en el espejo del agua
mi Algeciras
mi Algeciras mare,
Ay/ mi Algeciras
Cuando salgo cantando,
Por la bahía.

⸏⸏⸏⸏

Ay/ pueblecito marinero,
De este estrecho, y ancho mar
Ay/ pueblecito marinero.
Fuiste mora de extranjeros
y hoy lloras, por Gibraltar.
Siempre que por mi ventana
Me asomo a verte
Veo en los mares de España
Mi buena suerte
Mi buena suerte prima,
mi buena suerte.
Siempre que por mi ventana,
Me asomo a verte.

-Pueblo mágico-

Huelo la sal del *Saladillo*
Bajo a la baja *Bajadilla*
Encuentro por las avenidas
Rincones y **Rinconcillos**

Busco santos en *San García;*
Reconquistar todo de un *Tiro.*
Caminar por *Algeciras*
Y soñar por *San Isidro*

Me encuentro a unos **Pastores**
Cerquita de una *cantera*
Y exclaman ¡aquí hay *Cobre!*
Y los **Pescadores**, se lo llevan

Caminar entre **acebuches**
Mirando hacia las estrellas
Caminando y caminando
Llegué al barrio de **La Piñera**.

Perderme, y que no sea en vano
Con **Juliana**, la abuela
Buscar a unos **Artesanos**,
Por el **centro,** y sus callejuelas.

Volar como *las Palomas*
Hacer un nido en *las Colinas.*
Anidar como las aves
Hasta *Getares,* playa mía.

Parar en una *Aldea*
Subir *la cuesta* como un *rayo*
Vivir entre gitanos
Y que digan: Es poeta ese payo.

Volar como cometa
Y despertar en el techo de una *Granja*
Volver en bicicleta
Licenciándome en *la Menacha.*

Buscar un *río* que sea *ancho*
Desembocar cerca de África
Ser a veces de *secano*
Y otras en cambio; nadar entre dos aguas.

-Getares-

Caminando por la playa de Getares,
Recogiendo mil caracolas.
Mirando el sol de diamante,
Viendo el baile de las olas.

Pintando el cielo granate,
Tintando a rojo amapola.
Mi tierra en el pecho late,
Y aun combate, por esa roca.

Bandera que ondula muda.
Bandera de luna mora.
Mi playa bahía clara,
Canticos de las gaviotas.

Estrecho de Gibraltar,
Caminito hacia la luna.
Donde Hércules abría el Mediterráneo,
Trece pruebas, menos una.

Bahía algecireña,
Donde duerme Carmen.
Para la sal el mar,
Para amar mis mares.

De los delfines a la sirena,
Hay una orilla de especiales.
El faro y la ballenera,
Centinelas y puntales.

Beso mi tierra de rodillas
Aquella arena y sus detalles.
Sanando mis heridas,
Del mar mío, mi Getares.

-Especial-

Para mí las playas algecireñas
son mi caleta.
El paseo marítimo
mi vendaval.

Mi teatro Florida
es más que el Falla.
Y la Palma,
mi catedral.

La calle ancha,
Es mi botica.
La plaza alta,
Mi plaza España.

Y para muralla
Mi piedrecita,
Mi Gibraltar,
Mirando al mar.

-La Palma-

Huele a mejorana,

A guiso y a un puchero,

en la plaza alta.

Encienden los faroles;

Bebe de unas ranas.

Y fuentes de colores.

Redoblan su campaña.

La plaza queda en silencio,

Con la lunita clara.

Ella y sus secretos

Confiesan a un *Sancho panza*;

Que quiere el compás del cielo.

Tocar la palmas, entre dos aguas.

-La cárcel de hormigón-

Se llevaron el mar.

Lejos está, en alguna prisión.

Y con ella su olor a sal.

Llora ausente, en una cárcel de hormigón.

Se llevaron mi mar.

Amiga mía, salina de color.

Azul cían, cristalino el mío amor.

Apresaron la mar,

Con grúas altas que tapan el peñón.

Se llevaron mi mar,

Y ahora solo veo ladrillos, metales,

Raíles y un triste camión.

Que me cuenta,

El que bien se sabe;

Que hubo antes, una lonja;

Que cargaba, hielo y sales

Donde paseaban, los *ahora* abuelos;

Que me prometieron que ese mar sería mío.

Pero no...

Me quitaron mi herencia;

Tanto a mí como a otros muchos.

Nadie tuvo la decencia,

De mirar en el futuro, de estos que hoy lamentan,

Bañarse en el mar oscuro, de residuos entre piedras.

Se llevaron mi mar y lo sepultaron,

Bajo una cárcel de hormigón.

Quien viaje al mar muerto vaya y diga,

Que para muerto, mi mar y yo.

Pues se llevaron la mar,

Exiliada;

Repudiada y sustituida,

Por bloques que hoy bloquean las vistas.

Maldecida, maltratada y enloquecida.

Se llevaron mi mar,

así como quien se lleva algo o roba un beso,

Pero se llevaron el alma mía;

Por eso vivo preso;

En una cárcel de hormigón.

-El chato y la bella-

Un guardia que va a caballo,
Indica cual es mi puerta.
Siempre junto a mi amada,
Y ella mira risueña.

En un cuartito del secano
Te tengo siempre a mi vera.
Yo soy el chato y no en vano,
Digo que eres muy bella.

Un carrito tengo en la mano,
Por si te coges tal borrachera,
que tenga con que llevarte tirando,
Temprano con tu botella.

Betunero muy honrado,
Enamorado de mi bella.
Tumbado tomé tus manos.
Contamos mil y una estrella.

Cuentan cómo nos amamos,
Cuentan muchas leyendas.
Caballero sin caballo,
Pero siempre con mi doncella.

La historia es testigo de algo

Y cuentan que era plebeya...

También dicen que yo fui tu chato.

Pero que cierto es, que fuiste mi *bella*.

-El Quijote de la vespa-

En una escuela de arte
De cuyo nombre no quiero acordarme
No hace mucho tiempo vivía
Un hidalgo de lanza y astillero.

Adarga antigua
Raquítico y oxidado
En una vespa iba sentado
Aquel flaco caballero

Admiraba el cielo en alto
Presumiendo de motero
Entre duelos y quebrantos
Sin su fiel Sancho; escudero

No había sol que quebrante
Su orgullo tras el tiempo
Pues con su sombra y estandarte
Lanza en mano, custodia el templo

No le abaten los gigantes
Ni siquiera el de bota fuegos
Pues con su figura penetrante
Vence a la roca del torero

Al Quijote de la vespa
Lo llamaron desastre
Mas es una obra de arte
El que custodia esa escuela

Vive vigilando entre rejas
A aquel mar de los ladrillos
Mirando hasta el rinconcillo
Pensando en su Dulcinea

Ya no volvió a la Mancha
Pues se enamoraría un día
De la ciudad de Algeciras
Buscando el mirador de la Menacha

Aquel hidalgo motero
Valiente auto-suficiente
Se empadronó con su gente
Y se quitó hasta el sombrero

Buscando a Dulcinea
Llegó a esta bahía
Se quedó sin gasolina
Y se enamoró de una sirena.

-Miguelín-

Miguel Mateo Salcedo
Que Dios te tenga en su gloria,
Lo tuyo es ser un gran diestro
Torero de nubes tordas

A la diestra del padre en los cielos.
Toreas la luna roja
La perseverancia hizo un eco
Retumbó el grito de euforia

Cae de rodillas un toro
De casta, bravo y fiero.
Inclinándose a Miguelín;
Reverencia ante el torero.

Le dice el toro en su muerte:

Hijo de banderillero.
Gracias por esta digna suerte,
De estar en la historia; de los algecireños.

-Fue en la Bahía-

Fue en la bahía,
Fue en mi bahía
Donde cantaba por fandangos
Corruco de Algeciras.

Fue en una barriada
Llamada la Bajadilla;
Donde entonaba,
El joven Canelita.

Los Pañeros cantan y bailan
Como toreros con maestría.
Con salero cantaba y bailaba
Pastora de Algeciras.

El cante se inclina y alaba.
A unas manos de gran gallardía
La guitarra que hicieron sonar sus dedos
Padre y maestro de la armonía.

Es leyenda en el tiempo
De niño ya se lucía...
Maestro de maestros,
Es don Paco de lucia.

El gaditano con *tó* su arte
Arte y flamenco; algarabía.
La guitarra de Carlos Llave.
El Madreles por alegrías.

Fue en la Bahía
Fue en mi Bahía
Donde cantaba el Angoli
Rompiendo por bulerías.

Poetas y tradiciones
Tradición de luna y alba
Desde la noche hasta el día
Fue en mi tierra, tan gaditana.

-Las columnas de Hércules-

El romance viene y va,

Por las aguas marineras.

Entre Ceuta y Gibraltar,

Se ahoga una promesa.

Grita el señor *hacho*

Que ama a una extranjera

Le separa el mediterráneo

Y le llora en la frontera.

La niña que fue andaluza,

Sueña con ser su reina;

Le apunta con bazuca

Mientras muere, por ser flamenca.

-Sillita vacía-

Viajante, amante y flamenco.
Corazón de sangre carmín.
Andaluz errante y bohemio,
Por alegrías cantaba en Gadir.

Dicen que era canastero.
Que se fue a puente Genil.
Caminaba con arte y salero.
Sus padres del albaicín.

Tenía banda y sombrero.
Trianero del Guadalquivir.
Dejó el baile flamenco.
Cuando él la vio de morir.

Luto que tiñe el pañuelo.
Palmas mudas, en feria de abril.
Cantan las aves del cielo
Diciendo: *Ella, aun se acuerda de ti.*

- Isla verde-

La bahía marcha descontrolada.
Buscando una isla que era verde
Llorará al no encontrar nada.
Entre dos aguas va su suerte.

¿Dónde mi rio de la miel?
¿Dónde pescar amigo mío?
Cada vez, alejamos más la mar
Vuelve ya al paseo marítimo

Se extingue mi bahía,
Como la playa de los ladrillos.
Algeciras es poesía.
Y nosotros la escribimos.

Desgraciadamente
Hay escribas muy idiotas.
De esos que tiran basura a los mares
Y se les enredan a las gaviotas.

Murió mi verde isla,
como muere mi mar celeste.
Brota una nueva herida,
Pues nunca más podré verte.

Vive isla mía,

en la memoria de mi gente.

Algeciras es poesía,

que no la borren con la muerte.

-En memoria de aquellos lugares que fueron sepultados por hormigón y
cemento bajo la nueva Algeciras.
Fotografía: Isla verde, Algeciras (Cádiz)

-Jardinero de letras-

No estudié las letras
ni tampoco sobre el latín.
Simplemente fui poeta
Mientras cuidaba el jardín.

Estudié los aromas
Que producen las flores.
Nunca tuve diplomas
ni me dieron honores.

No aprobé los besos en la *"eso"*.
Mas bien los suspendí.
Pero conviví durante el proceso
con flores de pitiminí.

Pagué un alto precio, lo confieso.
Me ofrecieron el huerto privado del jardín.
Fui el castigado del recreo
El niño travieso, con tintero de carmín.

Nunca estudié números,
pero contaba las flores.
Las regaba y las cuidaba;
así aumentaban sus colores.

Materias superfluas de un *Cole* superfluo y abstracto.

Besos que me daba con el tacto;

El bolígrafo rozando sobre tu folio en blanco

Punto y aparte; guion y espacio.

Nunca estudie naturaleza,

pero de ella siempre formé parte.

La abracé, me relacioné,

y me reproduje en su arte.

Nunca estudie historia,

pero sí que soy parte de ella.

Que si América,

que si Pompeya...

Nunca fui el delegado,

ni fui el primero del curso.

Pero tampoco fui como aquel profesor

traumado y obtuso...

Siempre estuve atento a mi jardín.

Siempre me asomaba

Deleitándome en un jazmín

Fui el niño de la ventana

Soñaba miles de aventuras,

Escribía mis historietas.

Decían que iba *pa* cura

Y hacia dibujos en la mesa.

Me regañaban y me decían:

Niño borra eso;

Y yo pensaba: *¿Por qué?*

¿Porque me hace esto el maestro?

¿Por qué no me deja dibujar, pintar, soñar o escribir?

¿Porque me aparta de la ventana

mágica donde veo crecer mi jardín?

¿Por qué no me deja estudiar el misterio de mi desenlace,

y me suspende con un triste fin?

Solo sé que tengo millones de maneras de morir "Maestro"

Pero una sola de vivir.

Dejadme ser como cometa,

Y tocar los cielos al escribir

Dentro de mi hay un poeta

Es la veleta, mi balancín

Hubo tormentas en mi vida inquieta

Y fueron las letras algo que al fin

Nunca abandoné y estuve con ellas

Por eso florece hoy mi jardín.

-Dedicado a todos aquellos que me vieron distraído frente a la ventana de la vida.

-Sirena de arena-

De arena son sus dunas.
De algas su negro cabello.
Así algunos la dibujan,
En la orilla del deseo.

Ella es playa, es burbuja,
Caracola mar y cielo.
De arena son sus dunas,
Arena blanca son sus senos.

Ella es sirena, ella es una,
musa de mi oasis desierto.
De arena son sus dunas,
Y se deshace entre mis dedos.

- María Cristina-

Parque María Cristina
Verde arboleda junto al mar
Eres verde y salina
La turquesa, la cian.

Niños corren por tu plazuela
Enamoras a quien olvidó amar.
Eres tú mi alameda
La que me resguarda otro día más.

Mírame con tu mixtura
Tráete el olor a sal
Tus bancos con tanta frescura
Y tus hojitas *pa* respirar.

Tu molino *molinea.*
Tus raíces sujetan a Algeciras.
Eres tu quien se enseñorea
Con tu verde parque, María Cristina.

-Rio de la miel-

Enredaderas beben del manantial
El mirlo vuela celoso tras su sombra
La primavera enverdece la poza
Donde reposan las aguas de celofán

La cascada rompe el papel trasparente
Cavando misterios en la profundidad
Tiñendo turquesa el dulce panal
Que refleja el velo celeste.

Las ramas despojan su esencia
De especias, y flores silvestres.
Las pozas del cobre por excelencia
Dulce agua, panal de mieles

Guarida de ninfas que se bañan desnudas
Arcoíris incandescente
La piedra y el agua ocultas se endulzan
Promesas escondidas en el sendero que resguarda

Rio de la miel;

agua apasionada.

Sendero de la miel,

parte de la trocha; hechizo y magia

Agua dulce y prohibida
El embrujo que nace y se acaba;
Rio de la miel, donde bebe la vida
Caricias de aquel anillo de plata.

-Mia patria-

Con un susurro del viento

Y con un grito de la mar

Silban el junco y el almendro

Con salitre; espumita y sal

-La plaza alta-

Dos puntales tiene mi plaza.

Una se llama Europa

y la otra se llama Palma.

Cinco farolas iluminan mi plaza.

En cuatro reposa el ave su vuelo

y en la del centro, descansa mi alma.

Ocho ranas escupen fuego,

Aunque suena el rumor del agua...

Ocho bancos donde se sientan nuestros abuelos.

Doce asientos que hablan;

La historia inscrita en unos azulejos;

La historia del Quijote y Sancho panza.

Cientos de personas caminan su suelo.

Veinticinco faroles alumbran mi plaza.

Pintan las nubes en el lienzo del cielo.

La palabra paz, sobre mi plaza alta.

-Al-Yazirat-

El rizo de las olas de Getares.
Su espumita de nubes blancas.
Mar en la noche azabache.
Madrugada despierta temprana.

Esos niños; ancianitos de San Isidro.
Ese brillo especial del alba.
Esa arena suave del rinconcillo.
Algeciras, la brisa del alma.

Las letras del poeta son la calma;
Las escribió José Luis Cano a Susana.
Ese arte que irradia la bahía,
El moro la perdía, el día de la palma.

El rizo de las olas de Getares.
Su espumita de nubes blancas.
Mar en la noche azabache.
Madrugada despierta temprana.

Ese puente para cruzar el rio.
Ese tren que llegaba hasta el mar.
Tantas cosas que ya han desaparecido.
Como la bandera de España en Gibraltar.

Eres tú; el sol de levante mío,

La luz que en Algeciras siempre saldrá.

Brilla aun en el gentío

De esta hermosa ciudad.

Rio de la miel

rio del pícaro

Murallas medievales de Abderrahmán

Donde los valientes lucharon

Y con perseverancia lograron entrar

Algeciras trocito de Andalucía

Algeciras, mi isla verde, que habla con la mar.

Al-Yazirat.

-José Luis Cano-

La calle ancha se ensancha
Presumiendo tu sombrero
Mira que eres poeta
De barquitos y sonetos

Navegas por la bahía
Capitán de los cuatro versos
Con alas perseguidoras
Deslumbra tu luz en el tiempo

El otoño en Málaga
Y la generación del 27
Dejaron poemas a Susana
Callando la voz de la muerte.

-Estrecho de Gibraltar-

(Alegrías de Cádiz)

Ay/ mi bahía de especiales
Cuantos perdidos en la mar
Ay/ mi bahía de especiales
Tu cintura es tan estrecha
Que te acaricia Gibraltar.
Tu cintura es tan estrecha,
Que te acaricia Gibraltar.

Ay/ tierrecita morena
Que yo camelo
En tus mares se ahogaron
Mil extranjeros
Entre las olas prima
Entre las olas
Se oyen gritos de auxilio en...
las caracolas.

Tienes ropita de encajes
En tu vientrecito estrecho
Tienes ropita de encajes
Qué bonita que tú eres
Y cuantos pobrecitos han muerto.
Tienes ropita de encajes
Y cuantos pobrecitos han muerto.

Ay/ vientre que consume
Las alegrías
Hundiendo ilusiones
Por mi bahía
Dieron sus vidas prima
Dieron sus vidas;
Por llegar a las playas
De Algeciras, de Algeciras, de Algeciras...

-La fuente del recuerdo-

Fuente del *María Cristina.*
De piedra fresca me dio a beber.
De niño en brazos me sostenía
Mi abuelo Carlos en su vejez.

Fuente dulce, de agua cristalina
Entre verdes árboles sació mi sed.
Fueron muchos llantos y más alegrías
Preciosa fuente de mi niñez.

Palomas se apoyaban buscando comida
Columpios de caucho, y heridas en mis pies
Agua que fluye por los suelos de Algeciras
Fuente de vida, me vio crecer.

Fuente del María Cristina
Agua en mis labios, con sabor a miel.
Palomas asustadizas;
volaban al verme correr.

Fuente del María Cristina
Entre hojarasca y árboles verdes bendijo mi ser.
Niñez junto al anciano que más quería.
Que se marchó *pa* no volver.

Adiós anciano, adiós;

que Dios te saque de esta vida.

Para que sigas siendo el agua

que sanaba mis heridas.

Adiós anciano, adiós.

Que Dios este contigo,

como el agua en el olivo

que enverdece Andalucía.

-En memoria de mi abuelo Carlos Barrones García.

-Besos en la caleta-

Bésame con espuma en los labios.
Bésame con tu sabor a sal.
Bésame con tus lágrimas, morena.
Bésame en la orillita del mar.

Siéntate cerquita mía.
Siéntate donde te pueda observar.
Siéntate conmigo en el puerto.
A oír las caracolas cantar.

Escuchemos el rumor de los mares.
Y escribamos nuestras iniciales en la arena.
Márcame como a tus postales.
Y átame con tus cadenas llaneras.

Bésame con tus lágrimas nostálgicas.
Escucha el cantar de las sirenas.
Bésame con tu boca salada.
Bésame...   en la caleta.

-Bética-

Mirando en un libro antiguo
Encontré algo que jamás olvidaría;
Una historia de Tartessos y fenicios
En mi tierra Andalucía.

Tierra de romanos,
Tierra de la morería
Tierra donde los enamorados
Bailan penas y alegrías.

Tierra de caballos,
Tierra de romería;
Donde las campanas redoblan
Al llegar el medio día.

Verde emirato árabe,
Blanca almohade y verde.
Cristiana para España,
Córdoba y la alhambra para los reyes.

La griega Andalucía
Hércules la apartó de áfrica.
Con la fuerza que él poseía,
Separó las murallas entre dos aguas.

Historias de civilizaciones,
Conquistadora y conquistada.
Campesina cordobesa;
Gaditana y sevillana.

Almeriense y Jienense.
De Huelva y Granada.
Hermosura blanca y verde.
Andalucía; milenaria.

Mirando en un libro antiguo
Encontré algo que jamás olvidaría
La historia dulce y amarga
De la añeja Andalucía.

-Nací en el Saladillo-

Crecí en una humilde calle
Y dicen las malas lenguas
Que somos gente sin clase
De miseria y analfabeta,
Que miren con más detalle
Esa letra pequeña,
Pues no nombra a concejales
Pero si a grandes poetas.

Mi barrio sí que es rico
Por sus calles y leyendas.
Yo crecí en el saladillo
Con mal pie y buena letra

Procuré ser buen chiquillo
Y busqué hallar mi meta
Crecí en la calle Federico
Por eso es, que soy poeta.

-El Mirador-

En la escalinata
Hay un mirador
De niño observaba
La lonja y el peñón

Cerca se escucharía
A toda una afición
Gritando ¡Algeciras!
Y la ovación de un nuevo gol

Es en la reconquista
Donde brillaba más el sol
Junto a la playa de los ladrillos
Sobre el blanco marcador

Cuentan que un borrico
Vestido de jugador
Entró en el partido
Y ascendimos de división

Suena una grada ardiente
Tan (Especial) que amo yo
La hija del (Calvario)
Late en mi corazón

Aún escucho a mi gente
Gritando con ilusión
Pues siempre tendré presente
El antiguo mirador.

-La mar se lleva tu nombre-

El mar se lleva tu nombre,
Y te espero sobre piel de alpaca.
Isla verde de terciopelo;
Espuma como almohada.

La mirada se alza al cielo.
Que te quiero, en mi alma.
Hoy los gorriones cantan en el suelo.
Los corazones, navegan en calma.

Sonríe una gaviota en el cielo
Crucé un río entre dos aguas,
Al sur le llaman tierra de bandoleros.
Entre dunas y cañaveral de ramas,

Canta sirena canta,
mientras toquen el arpa los océanos.
Forja este herrero un beso,
en el fuego de tu fragua.

Flores de geranios,
y una fuente que salpica al suelo.
Bebe la grama sedienta,
De la boca de tu almendro.

Suena el poniente, en la celosía

como susurro de fantasma;

¡Qué miedo!

Canta el levante, y perfuma

con esa melodía tan mediterránea.

Las copas de los árboles y el sol;

pintan un mosaico sobre el suelo.

Perfilo con mis dedos,

el suave pelo de mi amada.

Cantan los gorriones con los jilgueros;

Danzan una copla con sus alas.

Algeciras madre, cuanto te quiero.

Canta la poesía *mora de la castellana*.

La marea se llevó tu nombre;

A un mar de frías aguas.

Donde nace el rio *Palmones*.

Y se divide, toda mi alma.

-Sangre de reyes, blanca y verde-

Pedacito de la España mía
Dime niña si me quieres.
Siendo hijo de *Lucia*,
Traigo la sangre de los reyes.

Amor de la España mía
Tengo al Dios de los más fieles.
Tú, morita que porfías,
Dame un beso de *queréles*.

Pedacito de la España mía.
Por Granada tú te mueres.
Siendo yo de Algeciras,
Paso moro de laureles

Pedacito de la España mía.
Celebramos y no ustedes,
En febrero ese día,
Que antes era en diciembre.

Porque es nuestra autonomía,
Y hacemos que España tiemble.
Pedacito de la España mía.
Nuestra sangre no es azul, como de reyes

Nuestra sangre es blanca
como nuestros pueblos silvestres.
Encalados entre el campo
Nuestra sangre es blanca y verde.

Porque somos del sur,
Donde la mirada se pierde.
Ella es madre de vientre andaluz,
Fiel a España, hasta la muerte.

-La niña de la línea-

Han visto a una niña
Y dicen que ella es tu hermana.
En las calles de la línea
En la plaza de las gitanas.

La gente habla y critica;
Rumorean y suenan campanas
En una zona con muchas gallinas.
Dicen haberla visto, por la atunara.

Dicen que se ve con un chiquillo
A escondidas en una playa.
Dicen que se esconden por los junquillos
y que ella se besa, como las payas.

En la línea hay un rumorcillo.
Y dicen las voces,
que ella es tu hermana.

Mis ojos bien saben que han visto.
Y mis labios lo han dicho,
Después...

De tanto besarla.

-El romance a la luna de San Juan-

La mar se pone a reflejar.
Los ojitos de la luna.
Y va de ola en ola
Pero llora que llora a oscuras.

En la noche de San Juan,
En la bahía mía,
Arde la hoguera arde,
En las playas de Algeciras.

La mar con la marea tiene,
Un romance pendiente,
Se abrazan y no retienen,
Besos de hogueras candentes.

La luna se mira y guiña.
Nocturna taciturna implora.
Su boca también replica
Brindando en la orilla mora.

Le pide al cielo un beso,
Ella se ahoga en sus dudas,
Navega carita al viento
Sobre el algodón de azúcar.

Se disuelve en los labios,

Vuelve llorando de entre las dunas.

Perdió en aquel encuentro;

Ganó porque ella es, la luna.

-La aceitunita llora-

Una aceituna lloraba,

Extrañando a su olivo.

Una aceituna lloraba,

Tiradita en un camino.

Ella que está tan perdida,

Seca y sola en un arenal.

Quiere gotas del rocío,

Ser de España y nadie más.

Canta la aceituna sola,

No quiero ser extranjera.

Llévame Andalucía,

Antes de que muera por pena.

Canta la aceitunita sola.

Sírvanme en tapa en mesa,

O expriman mi sangre dorada,

De oro, mi sangre espesa.

Oliva me llamaba mi Olivo

Mi amor de raíz jienense.

Poeta de versos *granainos*,

Me besa el levante almeriense.

Una aceitunita lloraba,

Por su olivo, por su patria.

Una aceitunita lloraba,

Porque a ella la extrañaban.

La aceitunita llora que llora,

Rota y exportada.

Exclama al aire y al viento

¡Quiero volver, a casa!

Aceituna mediterránea.

Aliñada entre lágrimas.

El olivo le implora y llora,

Vuelve a la patria España.

-A la bella mar-

A la bella mar

A la mar salada

A la brisa fresca

Que entra por la ventana

A la bella luna

A la luna llena

Brillan dos diamantes

Reina marinera

A tu mirada en calma

Que miran con inocencia

Desata mi amada

Vientos y tormentas

A la mar azul

A la mar serena

Canta una sonata

Ella mi sirena

A la mar bravía

Que a tu boca lleva

Vientos del estrecho

De este tú poeta

A la bella flor

A la flor más bella

Que crece entre dos aguas

Que mengua en tus caderas.

Caderas tan estrechas,

Castellanas y morunas

Enamorado del estrecho,

Vivo y muero con la luna.

Al bello rumor

De esta caracola

Que sueña con el sol

Y se lo llevaran las olas

A la bella luz

A la luz del día

Brilla y se ausenta

Eres mi poesía

A la blanca gaviota

que surca el cielo azul

Eres Algeciras,

Baúl tesoro del sur.

-El novio del arte-

En Andalucía tengo una novia
Que es mocita y gitana;
Su lunar negro es un lucero
Y arroyo dulce, la línea de su espalda

En Andalucía tengo una novia
Ella es de piel canela y morena,
cristiana bella española,
Perfumada flor canastera.

Al galope de mi caballo
va dejando sus huellas por mis playas.
Y yo, que mientras batallo,
Sigo su paso donde vaya.

Princesa andaluza del cante
Jilguero con pico de fuego
Mueve la blusa y la falda
al baile de las estrellas del cielo

Gitana de ojos rasgados
Grandes, profundos y sinceros
Dejas mi ser congelado
Con esos dos tuyos luceros

Tus manos hechas con pinceladas,
Y tus pies tan bien perfilados;
Tu cadera perfecta retrata
A los ángeles que fueron exiliados.

Gitana hechicera que camelo
Dame la flor del pañuelo
Y mueve la falda mi amante
Andaluza radiante; *gitana te quiero.*

No sería la arena tan blanca
ni el cielo teñiría de azul.
No sería el agua tan clara
si algún día me faltaras tú.

Dame razones *para* odiarte.
Y ni así te odiaré.
Porque tú eres el perfume fragante,
La flor del altar, el cantar de mi fe.

Tú eres, el bello diamante
La flor de clavel, impregnada en mi piel.

-La reconquista de Algeciras-

Por las calles de Algeciras

Una llanita caminó,

Y quedo *prendaita*

de un gitano que le cantó.

Le cantaba el gitanillo

Yo te quiero dirigir,

a la iglesia de la Palma,

La patrona que hay aquí.

Cantándole le contaba

Una historia de admirar.

Cuando los castellanos recuperaban,

el campo de Gibraltar...

En un domingo de ramos

A Jerusalén Cristo entró.

Así entraron los cristianos

Y el morito se rindió.

El rey Don Alfonso entraba,

En la ciudad de Algeciras.

La ciudad que el moro entregaba

No sin antes destruirla.

Mandaron a edificar una iglesia,
Donde había una mezquita.
Ese es el centro de mis calles,
Donde reina la alegría.

Ese templo es la Palma.
La campana de Algeciras
Está en la plaza más alta.
Contemplando la bahía.

Esta es la historia de la Palma
Hazaña heroica de sacristía
Una joya para roma
Ya no es mora, sino mía.

-El varadero y Chinarral-

(Garrotín)

Pregúntale al varadero
Y el varadero te dirá
Donde se lo han llevado
Y a donde lo irán a llevar

Al garrotín y al garrotán
de la vera de San Juan.
Al garrotín y al garrotán
de la vera de San Juan.

Con tantas piedras y tierra
Seguro quieren sepultar
Menudo puente de muerte
Que llora y llora al chinarral

Al garrotín y al garrotán
de la vera de San Juan.
Al garrotín y al garrotán
de la vera de San Juan.

El día que yo me muera
Por Dios lanzarme al mar
Tal vez nadie lo halle
Tan solo asfalto y alquitrán

Al garrotín y al garrotán
que de la verita se nos va...

-Hispania-

Reinventaste la historia
Genuina, mi tierra España
Hoy muchos quieren mancharte
Con mentiras que ni engañan

Tú eres la reina
de la tierra rubia y morena
Tú eres la fuerza
Que a mi vela hizo llegar

A tierras de primavera
En ti el sol nunca se va.
Sangre y oro es mi bandera
Sangre y oro sobre la mar

Hoy a ti te quieren borrar
Los enemigos de la paz
España patria inquieta
Perdurará tu libertad

No te dejes engañar
Pues vasallos andan detrás
De la tierra marinera
Pionera en alta mar

Pobre España y su gente.

Que confundidos están.

La historia en el presente,

Desconocen la verdad

Pobre de la tierra ibérica

De poetas y mucho más

Anclada por unos indecentes

Que la quieren destrozar.

España tierra querida

Que viva España; y por mucho más

Como Andalucía es mi España erguida.

Levantada para siempre y por la humanidad.

-La fuente eterna-

En la fuente del caudal
El punteo fue a sonar
El agua más cristalina
Es tu guitarra por soleá

Los chiquitos de Algeciras
El más grande del compás
Maestro de la armonía
La fuente nueva te vio tocar

El tesoro que Sabicas
Encontró en la ciudad
Allá por la bajadilla
Hoy descansa en paz

Mirando el cielo eterno
Y las nubes de Gibraltar
El viento suena distinto
A compas, a compas...

Porque el levante suena a Lucia
Cuando rompen las olas del mar.

(Dedicado a la memoria del mejor guitarrista, Paco de Lucia)

-La Habana-

Mi amada es blanca y verde.
Mulata navegante.
Habanera y africana.
Gaditana como sus calles.

Morena y española.
El arte corre en su sangre.
Caderas de bailadora.
Y meca de embrujo errante.

Cuidado si te pica el bicho.
Con su pincho picotón.
Hay un dicho muy bien dicho.
De un embrujo de aguijón.

Cuidadito si te pincha el pincho
De ese bicho juguetón.
Mulata dame la lata;
Mientras lata el corazón.

Mulata y habanera;
De botica vino y sal.
Pincha donde tu más quieras,
Llévame a américa central.

Prisionero soy de tus llaves,
De la Habana y el malecón.
Saciaste el hambre con tu enjambre
Miel y calles de color.

Aun de lejos yo te veo;
Tan parecida a Andalucía.
En tu boca cuba mía
Sembraré los besos que te debo.

-El gigante de Botafuegos-

Gigante de botafuegos
caminito hizo al andar
Arrastrando sus pies por el suelo
sus botas se empezaron a quemar

Gigante que salen ardiendo
Tus botillas al pasear
Descálzate en el sendero
Y bebe agua del manantial.

Gigante que vives enamorado del cielo
De verdes montes y verdes valles
Gigante que duermes recostado en el suelo
Bajo la negra noche de mil lunares.

Mójate el dedo en la boca,
y dibuja en el cielo una sonrisa
Para no sentirte raro
Porque el estar solo contrista.

Gigante de botafuegos
Levanta las botas y el corazón
Y no hagas tantos caminos de pena,
Con tu llanto y desolación.

Haz surcos entre pedruscos

Haz huecos entre alamedas.

Haz pozos entre arbustos

Y con tus saltos tiemble la tierra.

No arrastres más tus pasos

Ni golpees más tu pierna

Que no ardan más tus botas

Por la soledad; tu cruel condena.

Eres gigante elegante

Corres con el sonido de una chapa

Cuidador del campo y amante

Tu gran corazón se te para.

Si ves caer basura en los bosques

Si oyes caer una lata

Si hueles basura entre flores

Corres a cuidar la fragancia

Eres cuidador de la tierra prohibida.

Tú, gigante sonríe con todo tu ser.

Gigante de botafuegos

Descansa en el sendero, para beber.

Gigante de botafuegos
La luna te vio nacer
Desnudo, dormido en el suelo.
¿Qué día empezaste a crecer?

Celoso y malhumorado gigante
Tienes en la mano el poder
De destruir lo que quieras;
Pero eres el guardián de mi edén.

-Partícula del mediterráneo –

El cielo persigue al otoño.

La mar *ronea* con faldas de acuarela.

El invierno le recoge el moño

A su amada flor, de primavera.

Las estaciones pasan volando

Y yo ando siempre a su vera.

Por eso quiero seguir soñando,

Con el corto tiempo que nos queda.

En silencio viajé por el mar

En silencio, sin rumbo y sin velas

El mar me mecía de noche

En silencio ardió mi hoguera.

Calló una moneda al fondo,

pero no en un mar cualquiera.

En el mediterráneo fue mi asombro

Al ver llegar a una sirena.

-Si quiere le traigo algo
Si quiere le devuelvo la moneda.

-Lo que quiero es besar unos labios
Lo que quiero es esa mar serena.

- Lo siento, pero en mi mundo no hay humanos
Lo más probable es que te hundas y mueras

- Lo cierto es que descanso por la faz del mediterráneo.
Para que mis cenizas sean cuán menos eternas.

Señora sirena, le diré algo;
Mejor quédese con esa moneda.
El barquero me dejó navegando
Para que descanse mi alma de ella.

Aquí yace mi cuerpo soñando
con velas rotas y castillos de arena.
Soy partícula solitaria en el mediterráneo
Que en el jardín de las olas navega.

Soy el náufrago que murió soñando,
Con el pincel de la espuma, y se queda,
Con sueños disueltos y llorando,
Sobre este mar de acuarela.

-Tren de medio camino-

Hay un puente que caracolea
Por encima de una vía
Un tren que se avería
Sale y pronto se estropea.

Le han compuesto canciones,
Acordes y melodías.
Yo le recito esta poesía,
de Manuel Ponce Barrones.

Mis paisanos andan artos
De tanta tontería.
Monta tanto y tanto monte;
Y encima, hay que andarlo, todavía...

Hay un puente que caracolea,
Y una pantomima que no engaña.
La vergüenza de España,
Viaja hasta donde le dejan.

Dicen y dicen, ese tren...
¿Dónde está ese tren?
Si tú viajabas dentro de él
Al menos una cosa sí que sé.

Sé que no te he perdido
Pues estarás por el arcén.
Dile al pobre maquinista,
Que a Algeciras quieres volver.

Que te traiga prisionera,
Con tus maletas otra vez;
A la cárcel del olvido.
A la cárcel de nuestro andén.

Pues; te estaré esperando con hastío,
con una nota y un clavel.
Donde ponga amor mío,
¿Para cuándo, nuestro tren?

-Pá amores Palmones-

Los besos de tu boca
No son besos nada más
Son la sal del levante
Que sabe a agüita del mar

Entras y llegas, luego sales
sales de espuma, blanca sal
Abres la arena suave
Mientras te mira Gibraltar

Tus curvas serpenteantes
de guitarra *aflamencá*
Llevan al barquito velero
Navegando hacia la mar

Hablo de ti Palmones
Paraíso y descanso
De todos los corazones
Cuanto amo que estés al lado

Palmones...

En mis ojos relucen
Los brillos de tus colores.

Palmones...

Rosadas aves,
Que visten el cielo de flores.
Palmones.

Río de plata y amores,
Nunca podré describirte;
Eterno paraíso de emociones

Palmones...

Donde tú me robaste,
Los recuerdos más tristes.
Con el sabor de tus labios.
Dulce beso y salitre.

Pá amores,

pá amores,

Palmones.

-En la feria de Algeciras-

Mañana me voy con ella
Pa la feria de Algeciras
Le compraré una peineta
Que con su *vestio* combina.

También le voy a pintar
Un lunar cerca de su boca
Para luego, de *madrugá*
Borrarlo a besos, si nos provoca.

Digamos que fue en la feria
Donde se enganchó el *vestio*
Por eso semidesnuda
Despertó cerquita mío.

Los volantes de su ropa
Me tienen loco *perdio*
Ay loca, loquita loca
Bailando se ha *descosio.*

Digamos que fue en la feria
En la feria de Algeciras
Le pedí la mano a ella
Y me entregó toda su vida.

-Las llaves de Tarifa-

Soy un triste centinela
Destinado por Tarifa
Me distrajeron las estrellas
De unos ojos que me miran

En guardia hice mi vela
Despeinado por la brisa
Perdido en sus callejuelas
Hermoso fuerte, calles antiguas

Mi suegro Guzmán el Bueno
Me dijo que me daría
Un puñal que por el cuerpo
De su hijo recorrerían

Pero que jamás dará
La llave que abra la puerta
He trepado por las trenzas
Que me lanzó la Tarifeña

Vigilo desconsolado
En sus tierras marineras
Vivo en guardia, pues soy soldado
Tengo las llaves; soy su centinela.

-Destellos del sur-

Sobre adoquines barnizados
Se reflejan los destellos
Y yo que a ti tanto te quiero
Como el cielo, al mar plateado.

Tarifa y sus rincones
Donde un día nos besamos
Y sigo enamorado
De tus versos y canciones

Sobre una roca nos juramos
Vivir un amor eterno
En una playa casi en invierno
Besándose, el Atlántico y Mediterráneo.

-Mi sangre-

Mi sangre es de un mar,
Del color de una rosa.
Entre Ceuta y Gibraltar,
Se ahoga una mariposa.

De Tarifa a Castellar,
Huele a pino y romero.
Llega a mi ventanal,
El levante de los "te quiero".

La línea tiene una niña,
Y San Roque tiene un perro.
Los barrios tiene algo...
Como algecireño; ya no me acuerdo.

Palmones, juncos y barro.
Del charco redondo bebe el almendro.
En el sur hay un campo
Donde vuelan juntos, el mirlo y jilguero.

-La bandera de mi pueblo-

Algeciras...

Ya sé porque tu bandera tiene el color del cielo.
Ya comprendo porque pinto de azul las mariposas blancas.
Ya sé porque el color granate lo esclarezco con los dedos,
Buscando tu amarillo, mágica resplandor del alba.

Ya comprendo porque las gaviotas no vuelan a ras de suelo.
Ya entiendo porque la arena es rubia en tus playas.
Al fin desvelaste el secreto en el cielo,
Que sale y se oculta tras la luna plata.

-Amuleto de nácar-

Oh, mi amuleto de nácar
Temprano el sol te devora
Oh piedrecita esmeralda
En la ventana del alma tú te asomas.

Oh, mi amuleto de nácar
Cielo violeta que esconde tu sombra
Piedra color esmeralda
Mojas tu falda de espuma y olas.

Oh, piedrecita de nácar
Precioso horizonte donde retienes tú sola,
El sombrero del levante y el silencio que murmura
El secreto del eco de las caracolas.

Agradecimientos

Gracias a ti amigo lector, por dejarte salpicar con la esencia del sur.

Gracias al salitre de las olas poéticas, a mis amores, los rincones y las pasiones de esta tierra tan vieja y tan nueva, tan cristiana y musulmana, tan libre y prisionera, tan destruida y restaurada, tan perdida y olvidada, reconquistada y eterna...

Gracias a *Angélica Moreno* por animarme a embaucarme en este proyecto antológico de poemas, los cuales van dedicados e inspirados a la cultura y el patrimonio del sur de España.

Gracias al escritor sanroqueño Juan Carlos Muñoz por su amistad y colaboración con la fotografía de portada de este libro (Tomada en la antigua ciudad romana de Carteya).

Agradecer enormemente y con el corazón en la mano a Ana Sánchez (directora del CEPER Juan Ramón Jiménez y amiga) por su luz y motivación. Pues ella tiene la gracia de Dios de hacer florecer todo lo que toca. *Gracias por participar con tus hermosas palabras en el prólogo de esta obra.*

Gracias a la asociación de emprendedores del patrimonio algecireño (Aepa2015) por desenterrar nuestra historia; pues estaba sepultada en el silencio más remoto. *Gracias por enriquecernos a todos los algecireños con ella.*

Gracias a quien ha sido mi mejor profesor y del que brota mi admiración cada vez que lo escucho hablar de cualquier tema (sobre todo cuando cuenta historias de personajes y acontecimientos del campo de Gibraltar) mi amigo Don Roberto Godino Hurtado.

Gracias a Antonio Gil por su amistad y la confianza depositada en mi al permitirme colaborar en la revista de patrimonio algecireño, de la cual nace esta antología poética.

Agradezco de todo corazón a cada uno de ellos por ayudarnos a amar nuestra tierra, y ayudarnos a descubrir los tesoros que nos rodean. Gracias a todos los que cuidáis vuestra ciudad, historia, monumentos y sobre todo, a los que cuidáis a su gente. Pues el respeto es lo que nos hace ser ciudad. Ese es el patrimonio más preciado que ha tenido siempre esta nuestra tierra.

Gracias a todos los que formáis mi universo
 verso a verso.
Y por supuesto gracias a Dios por hacer y ser todo *sobre y bajo el cielo.*

(Gracias a las olas
Y gracias a la luna,
Cascabel de caracolas
Que se mecen en mi cuna).

El Autor: Manuel Ponce Barrones

-ME GUSTA VER EL INFINITO DE UN MAR QUE SE FUNDE CON
EL CIELO.

PERO TAMBIÉN ME GUSTA SOPLAR AL CIELO DE LEVANTE,

PARA QUITARLE EL SOMBRERO A ESE INGLES DE TRAJE,

CON ACENTO ANDALUZ Y PODER DECIR:

Estoy en casa...

Otras obras del autor

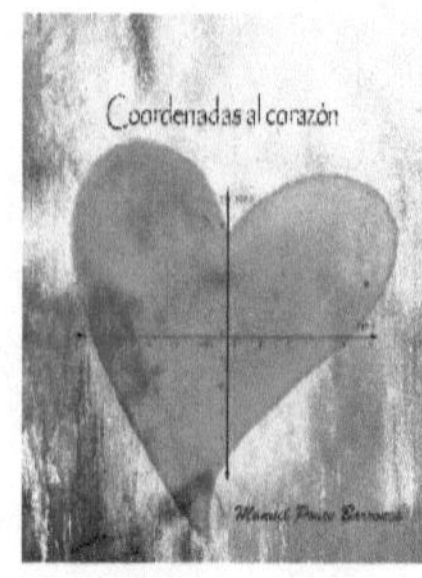

COORDENADAS AL CORAZÓN

EL DIARIO DE LAS ESTACIONES

CONFINAMIENTO DE VERSOS

SUEÑECITO SOÑADOR

LORCA, ME ROBA EL ALMA

CRÓNICAS DE UN NÁUFRAGO

ALQUIMIAS DEL TIEMPO

MARIPOSAS MUERTAS

EN LA BOCA DEL LOCO

HAIKUS: Kami no ai

Enfoca la cámara de tu dispositivo móvil sobre esta imagen y podrás disfrutar de contenido extra con algunas de las obras del autor de forma *GRATUITA*.

-Código QR de uso personal-

También puedes acceder entrando en este enlace por internet:

https://manuponce88.wordpress.com

Contactos instagram:

@manuponce88

@bóvedayletrasediciones

bóvedayletrasediciones@hotmail.com